MUHBA
MUSEU D'HISTÒRIA DE BARCELONA

BARCINO
LA TRAZA DE LA CIVDAD ANTIGUA

Ajuntament
de Barcelona

En el subsuelo de la plaza del Rei se conservan los restos de Barcino, la *Colonia Iulia Augusta Faventia Paterna Barcino*, que fue el núcleo fundacional de Barcelona. Estos restos corresponden a edificios y calles construidos y modificados entre el siglo I a. C. y el siglo VI y reflejan los cambios sociales, económicos e ideológicos que vivieron los habitantes de la ciudad antigua.

Barcino era una pequeña colonia romana fundada en el siglo I a. C. Durante cuatro siglos desarrolló una sólida estructura económica. Cuando vinieron tiempos más difíciles, el refuerzo de su muralla le permitió sobrevivir a las crisis del Imperio que la había fundado y superar en preeminencia, en el siglo V, a Tarraco, la capital de la provincia.

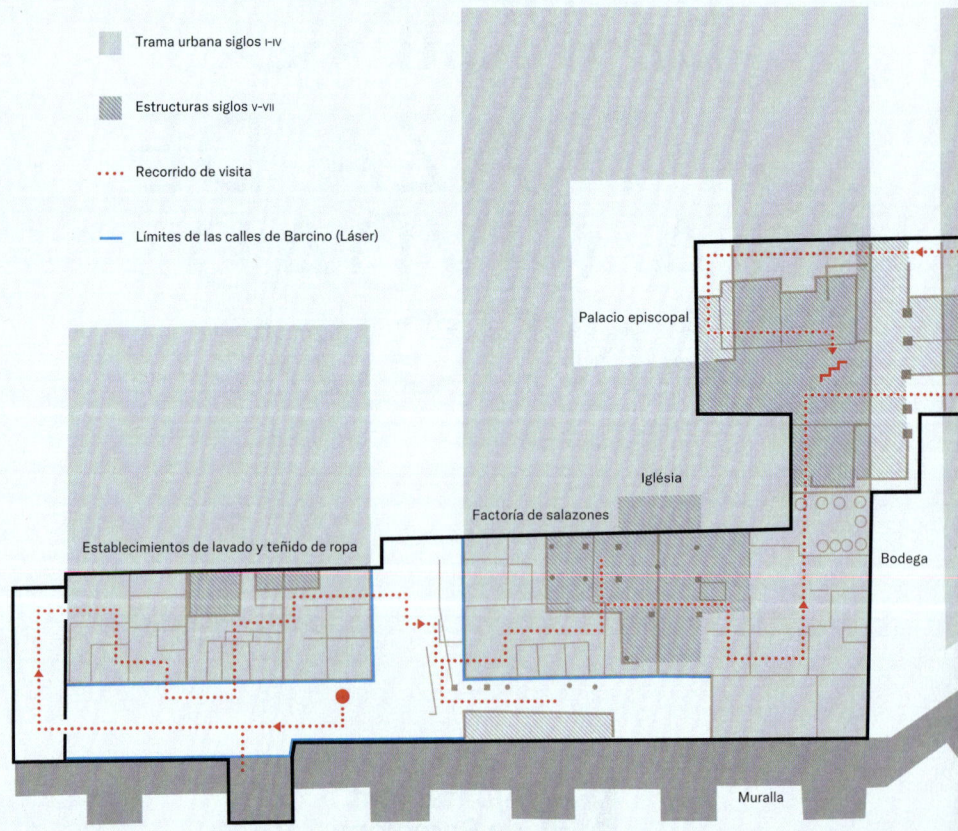

Trama urbana siglos I-IV

Estructuras siglos V-VII

Recorrido de visita

Límites de las calles de Barcino (Láser)

Palacio episcopal

Iglésia

Factoría de salazones

Establecimientos de lavado y teñido de ropa

Bodega

Muralla

Los autores romanos del siglo I citan a Barcino entre las pequeñas ciudades costeras entre Ampurias y Tarragona, destacando que es la única con el privilegiado estatus de colonia.

«Hasta la ciudad de Tarraco no se encuentran pueblos grandes: Blandae, Iluro, Baetulo, Barcino, Subur y Tholobi. También son pequeños los ríos Baetulo, cerca del cerro de Júpiter y, en la playa de Barcino, el Rubricatus».

Pomponio Mela, siglo I

«En la costa están la colonia de Barcino, con el sobrenombre de Faventia, y los oppida de ciudadanos romanos de Baetulo, Iluro, el río Arnum, Blandae, el río Alba y Emporiae».

Plinio el Viejo, siglo I

Excavaciones en la plaza del Rey. 1931-1936. AHCB

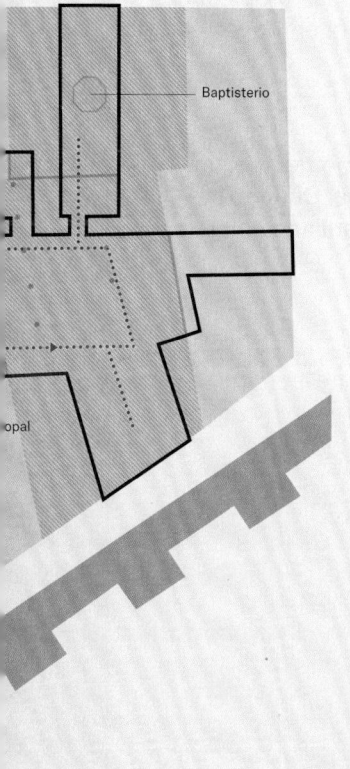

Baptisterio

opal

La fundación de la colonia romana

La *Colonia Iulia Augusta Faventia Paterna Barcino* fue creada por el emperador romano Octavio Augusto hacia el año 10 a. C. La fundación formaba parte de la reorganización administrativa de la península Ibérica, orientada a incrementar el control del emperador, y al mismo tiempo pretendía explotar los recursos del territorio. El estatus de colonia le garantizaba privilegios fiscales que no tenían las ciudades próximas que ya existían como, por ejemplo, Baetulo.

Los primeros colonos fueron ciudadanos libres de las provincias itálicas y galas. También llegaron libertos, que así es como se denominaba a los esclavos liberados, para gestionar las propiedades de familias acomodadas, a menudo en terrenos hasta entonces en manos de los iberos.

La muralla, protección y símbolo

La muralla era una construcción defensiva y, al mismo tiempo, un símbolo de los valores cívicos de la sociedad romana. Cuando se construyó, se previeron tanto las salidas del alcantarillado como la entrada del acueducto.

Acueductos

Domus

Domus

Decumanus Maximus

Domus/Collegium

MUHBA
Domus
Sant Honorat

Cúria

Templo

Fòrum

MUHBA
Temple d'August

MUHBA
Plaça
del Rei

Cardo Maximus

Termas públicas

Templo

Castellum
Aquae

MUHBA
Domus
Avinyó

Domus

Domus

Domus

N

MUHBA
Porta
de Mar

Termas
portuarias

Hipótesis: Julia Beltrán de Heredia. Dibujo: Emili Revilla. MUHBA

El diseño
del espacio urbano

Barcino estaba formada por un casco urbano (*urbs*) y el territorio que administraba (*territorium*). El núcleo se situó sobre dos cerros, rodeado por una muralla octogonal con un foso y cuatro puertas.

El urbanismo de Barcino seguía las pautas romanas y era muy diferente del que presentaban los poblados iberos. Se estableció una trama urbana ortogonal con infraestructuras destinadas a hacerla sostenible. En el cruce de las calles principales estaba el foro, una plaza con edificios administrativos presididos por el templo. Era el centro de la actividad política, religiosa, económica y social.

La ordenación del espacio extramuros

Una parte de la traza de las parcelas y de los caminos romanos se puede rastrear todavía en el urbanismo actual. Las necrópolis se situaban por ley fuera de la muralla y las vías de acceso a la ciudad maximizaban la visibilidad de los monumentos.

Un pequeño núcleo urbano

La muralla de Barcino delimitaba un espacio de unas 10 hectáreas, relativamente pequeño en comparación con la superficie de ciudades como Tarraco (Tarragona), capital de la provincia, Baetulo (Badalona), ciudad próxima fundada un siglo antes, Caesaraugusta (Zaragoza), fundada en el mismo momento que Barcino, o Alba Pompeya (Alba), en Italia, con un plano muy parecido.

Fuente del plano:
J. M. Palet, M. J. Ortega, C. Miró.

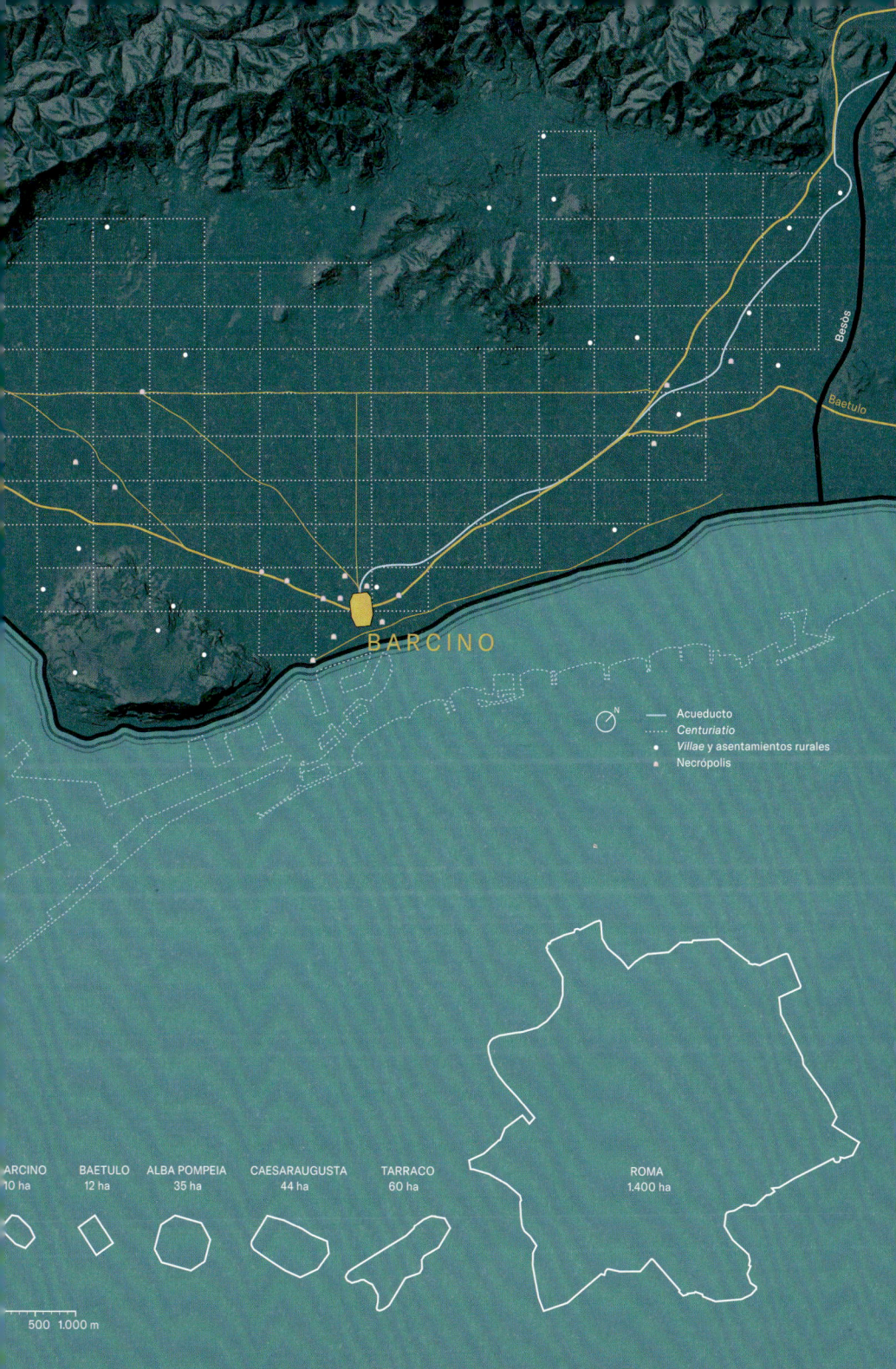

Besòs

Baetulo

BARCINO

N

— Acueducto
···· Centuriatio
• Villae y asentamientos rurales
▪ Necrópolis

ARCINO
10 ha

BAETULO
12 ha

ALBA POMPEIA
35 ha

CAESARAUGUSTA
44 ha

TARRACO
60 ha

ROMA
1.400 ha

500   1.000 m

La sociedad de Barcino
La explotación del territorio

El llano situado entre los ríos Besòs y Llobregat se organizó en parcelas para repartirlas entre los colonos mediante un sistema denominado *centuriatio* (centuriación) que facilitaba el control fiscal. La agricultura era la fuente de riqueza de la ciudad y se complementaba con la ganadería y la pesca.

En las villas o explotaciones situadas extramuros se producían grandes cantidades de vino, un producto muy rentable que se exportaba por vía marítima. Con el tiempo, la propiedad de la tierra debió de concentrarse en pocas manos porque a principios del siglo V tan solo pervivían, enriquecidas, una parte de las villas de la época fundacional.

Prensas de vino en la villa del Pont del Treball Digne. Siglos I aC-IV.
Foto: Daniel Alcubierre

Ánfora de vino del tipo producido en Barcino. Siglo I a. C. MHCB 00045

Herramientas de trabajo agrícola, ganadería y pesca.

1 - Azada de hierro. Siglo I.MHCB 16456

2 - Hoz para la poda de la viña. Siglo I. MHCB 16455

3 - Cencerro de hierro. Siglos I-IV. MHCB 40097.46

4-5 - Agujas para coser redes. Siglos III-V. MHCB 04533, MHCB 33062

6-7 - Anzuelos de bronce. Siglos III-V. MHCB 13162, MHCB 13183

8-9 - Pesos de red de pesca. Siglos III-V. MHCB 18960, MHCB 18999

Barcino, ciudad comercial

Barcino se encontraba dentro de la red comercial del Imperio. Exportaba vino e importaba productos para sus habitantes. Las importaciones de ánforas y de cerámica fina de distintos talleres del Mediterráneo permiten trazar las rutas comerciales de la ciudad.
A principios del siglo I, el principal origen de las importaciones era la península Itálica, pero pronto la sustituyeron el sur de la Galia, el interior de Hispania y la Bética. En los siglos III y IV abundaban los productos de origen norteafricano y, al mismo tiempo, llegaban algunos objetos de lujo de origen lejano para la élite de Barcino.

1

Difusión a larga distancia de las ánforas de vino
La difusión de las ánforas permite reconstruir las rutas de exportación de vino de Barcino hacia Italia, la Galia y hasta la frontera germánica y Britania.

Fuente del plano: J. Miró.

12

Copas y cantimplora de producción itálica

1 - Cantimplora. Siglo I.
MHCB 49155

2-3 - Copas. Siglo I.
MHCB 16442,
MHCB 00082

Vajilla de mesa de producción sudgálica

4 - Bol decorado con motivos vegetales y animales. Siglos I-II.
MHCB 81

Vajilla de mesa de producción hispánica

5 - Bol decorado con motivos vegetales. Siglo II. MHCB 16437

6 - Plato con grafito: «TRIPONI SUM» (Soy de Tripo). Siglo II. MHCB 16439

7 - Bol. Siglo III. MHCB 16438

8-9 - Boles de paredes finas, procedentes de la Bética. Siglo I. MHCB 16432, MHCB, 16434

Enseres de cocina y mesa de producción africana

1 - Bol. Siglo III. MHCB 13411

2 - Bol. Siglo IV. MHCB 16436

3 - Cazuela y tapadera. Siglo V. MHCB 07589, MHCB 16454

Bol y fragmento de pátera de vidrio de producción germánica decorados con escenas de caza

4-5 - Siglo IV. MHCB 16451, MHCB 16452

Cerámica corintia con escena de batalla

6 - Siglo III. MHCB 09571

Jarra con decoración vidriada, técnica de origen oriental

7 - Siglo III. MHCB 13444

La formación de una élite política

La élite económica utilizaba la riqueza para promocionarse en la política financiando obras públicas. Las similitudes entre las ciudades romanas permitían que individuos nacidos en Barcino ejercieran cargos públicos en otras urbes del Imperio.

Ungüentarios y vasijas para el cuidado de la imagen personal

1 - Ungüentario de cerámica. Siglo I. MHCB 13407

2-3 - Ungüentarios de vidrio. Siglo I. MHCB 16407, MHCB 09575

4 - Cucharilla de tocador de hueso. Siglos I-II. MHCB 04356

5 - Cucharilla de bronce. Siglos I-IV. MHCB 16351

6 - Mano de mortero de bronce. Siglos I-II. MHCB 16409

7 - Mortero de alabastro para productos de tocador. Siglos I-III. MHCB 00128

8-9 - Píxide, bote y tapadera para cosméticos. Siglos I-III. MHCB 10936, MHCB 3538

1

2

3

4

5

6

8-9

7

Ornamentos personales. Fíbulas, anillos y agujas para el pelo

1 - Fíbulas de bronce. Siglos I-II. MHCB 04500, MHCB 04502

2 - Entalle de anillo con la inscripción «HAVE VITA». Siglos IV-V. MHCB 03496.

3 - Anillo de oro con cabujón de vidrio. Siglo IV. MHCB 13402.

4 - Entalle de vidrio con cupidos afrontados. Siglo III. MHCB 16730

5 - Anillo de hierro con entalle de cornalina. El entalle presenta la figura de Mercurio. Siglo III. MHCB 16406

6 - Agujas para el pelo con figuras femeninas. Siglos I-IV. MHCB 48977, MHCB 48978

1

2

3

4

5

6

La participación cívica de las mujeres

La legislación romana restringía los derechos políticos de las mujeres, que no podían votar ni ser elegidas como cargos públicos. Tan solo las mujeres de la alta sociedad, con una cuidada educación y riquezas que podían administrar personalmente, influían en la vida política a través de las relaciones familiares. Su representación pública, como en esta escultura funeraria, era limitada.

Escultura funeraria femenina. Siglos I-II. MHCB 4042

La política urbana

La administración de Barcino recaía en una asamblea de ciudadanos notables y en magistrados electos, los duunvires y los ediles. Estas instituciones aparecen citadas en pedestales honoríficos como este, de la primera mitad del siglo II:

M(arco).AEMILIO L(uci).FIL(io). GAL(eria tribu) OPTATO PRIVIGNO ANNOR(um).XIIII(quatuordecim) HVIC.ORDO BARC(inonensium). AEDILIC(ios) ET.II VIRALES GRATVIT(o,-os).HONORES D(ecrevit) M(arcus).HERENNIVS. SEVERVS.T(utor)

A Marcus Aemilius Optatus, hijo de Lucius, inscrito en la tribu Galeria, de 14 años. El **Consejo de los Barceloneses** le concede gratuitamente por decreto los honores de la edilidad y del duunvirato. Marcus Herennius Severus, su tutor. MHCB 3260

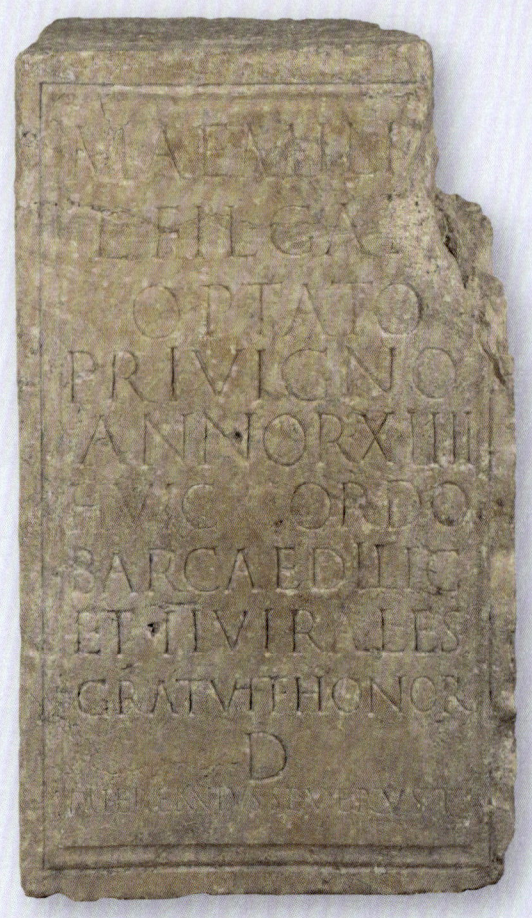

Una élite colonial culta

Las dos piezas muestran una ménade en un momento de baile extático. Este personaje femenino asociado al culto a Baco, dios del vino, fue un motivo decorativo recurrente en el mundo antiguo desde la representación, en el año 405 a. C., de la tragedia *Las Bacantes* de Eurípides. El uso de esta iconografía expresa la familiaridad de las élites coloniales de Barcino con la alta cultura grecorromana. La pieza está esculpida en piedra de Montjuïc y demuestra la presencia de artistas refinados en Barcino, no sabemos si procedentes de otros lugares o locales, que algunas familias tenían recursos para poder pagar.

1 - Copa de producción itálica. Siglo I. MHCB 29423

2 - Relieve funerario. Piedra de Montjuic. Siglo I. MHCB 4095

2

El trabajo y la movilidad social

Los privilegios de los que disfrutaba Barcino por tener el título de colonia proporcionaban oportunidades de mejora a quienes pudieron asentarse en ella. El éxito en los negocios favorecía el ascenso social y, en el caso de los esclavos, incluso la compra de su libertad.

Enseres de cocina de cerámica común

1 - Olla de cerámica común. Siglo I. MHCB 30823

2 - Jarra. Siglo II. MHCB 07532

3 - Lebrillo de cerámica. Siglo III. MHCB 16338

Horno para la producción de ánforas encontrado en la calle Princesa. Siglo I. Foto: Joan Casas

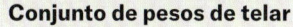

4

Conjunto de pesos de telar
4 - Siglo v. MHCB 57

Plomada, instrumento de construcción
5 - Siglo iv. MHCB 48973

Elementos de cubierta. *Tegula* con sello del productor e *imbrex*
6 - Siglos i-ii. MHCB 34848, MHCB 42417, MHCB 7893

5

6

Elementos vinculados al trabajo artesanal y el comercio

1 - Agujas de coser de bronce y hueso. Siglos II-V. MHCB 4521
2 - Brazo de balanza de bronce. Siglos I-VII
3 - Monedas. Ases de bronce. Siglo I MHCB 33106, MHCB 39600
4 - Fusayolas de cerámica. Siglo III. MHCB 16424, MHCB 16427
5 - Anillo con sello, con el nombre «Naeu». Siglo IV

La representación pública

La reivindicación de antepasados ilustres y la ostentación del lujo en la *domus* o casa familiar eran mecanismos de promoción pública. Pero Barcino estaba lejos de Roma y las modas en las artes y la arquitectura llegaban a ella con cierto retraso.

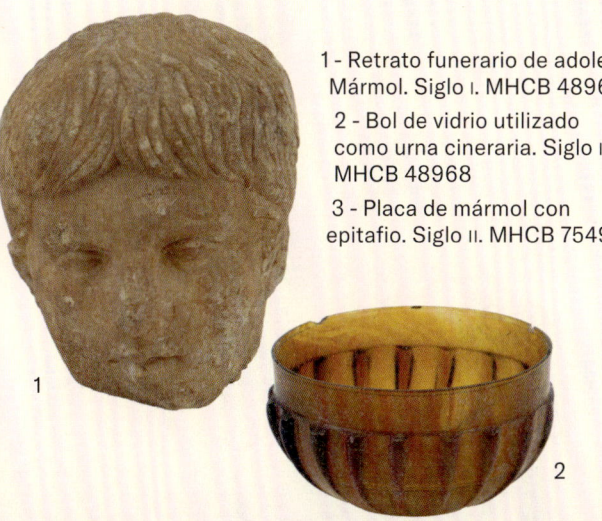

1 - Retrato funerario de adolescente. Mármol. Siglo I. MHCB 48967

2 - Bol de vidrio utilizado como urna cineraria. Siglo I. MHCB 48968

3 - Placa de mármol con epitafio. Siglo II. MHCB 7549

3

Monumentos funerarios en una de las vías de acceso a la ciudad. Siglos I-III. MUHBA Via sepulcral romana. Foto: Pep Herrero

**Busto femenino interpretado
como Agripina Menor**

Siglo I. MHCB 7440

**Retrato masculino destinado a un
mausoleo o monumento funerario**

Siglo II. MHCB 4098-8702

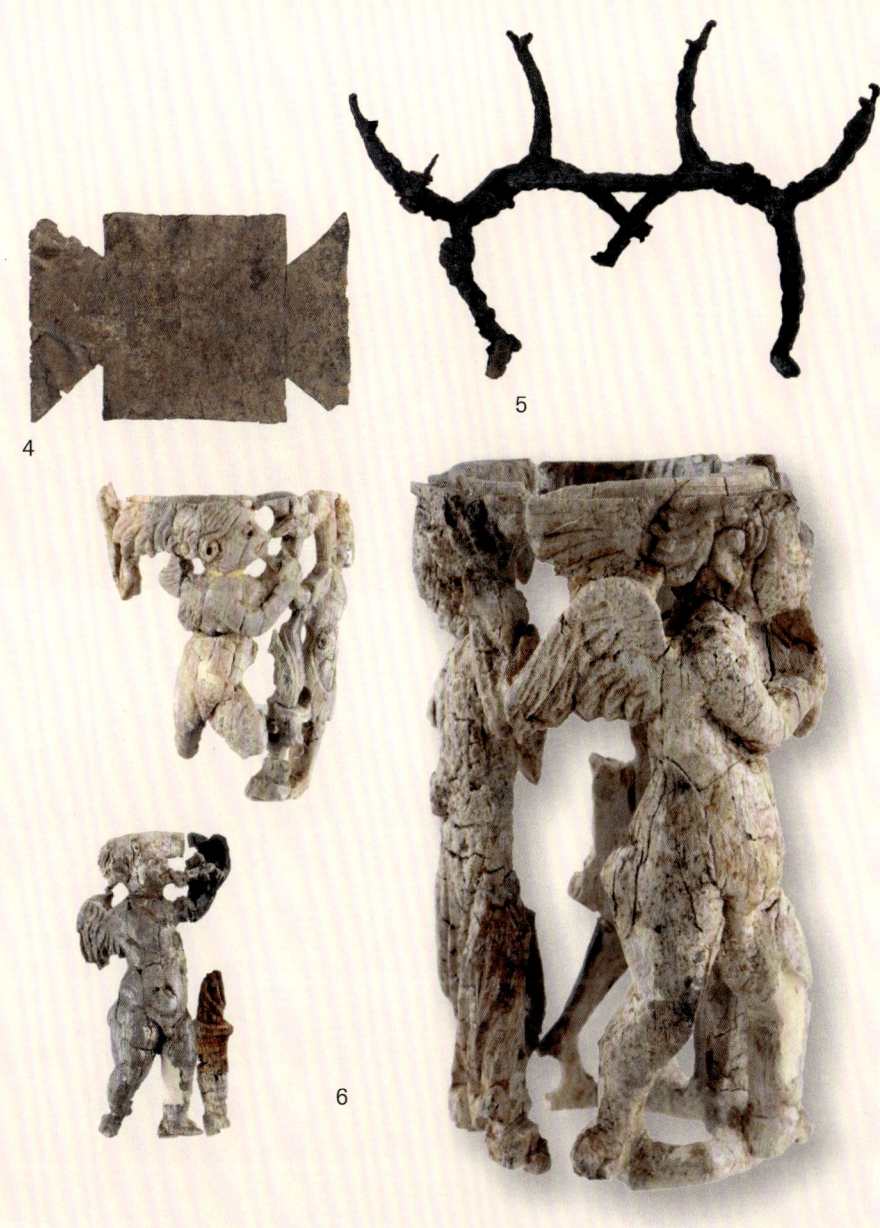

4 - Placa de bronce preparada para la inscripción de un epitafio o dedicatoria. Siglo III. MHCB 7652

5 - Silla curul, mueble incinerado como parte de un ritual funerario de lujo. SiglosI-III. MHCB 42923

6 - Figuras decorativas de una cama funeraria utilizada en una cremación. Siglos I-II. MHCB 49181

Coronamientos de monumentos
funerarios de personajes notables
de la ciudad del siglo I. MHCB 11570,
MHCB 11571

Urnas cinerarias. Vidrio y cerámica

1-2 - Ungüentario y urna cineraria de vidrio con tapadera cerámica. Siglo I. MHCB 42918, MHCB 42925.3

3 - Urna cineraria de cerámica, tapada con un fragmento de ánfora. Siglos I-III. MHCB 42921

1

2

3

Tachas de hierro de la suela de un zapato recuperado de una inhumación

Siglos I-III. MHCB 40053

Las funciones del culto religioso

El foro y el templo hacían visible el Estado fundador en el espacio urbano de la colonia y el ejercicio de cargos del culto era un mecanismo de promoción social. El comercio mediterráneo favoreció la llegada de las religiones orientales, como el cristianismo, presente en Barcino desde principios del siglo IV.

Representaciones escultóricas de divinidades romanas

1 - Cabeza de sileno, personaje asociado a Baco. Mármol. Siglos I-II. MHCB 48975

2 - Cabeza de Baco, dios del vino. Mármol. Siglos I-II. MHCB 48971

3 - Cabeza de Diana. Mármol. Siglos I-II. MHCB 20153

Columnas del templo. Siglo I. MUHBA Temple d'August. Foto: Josep Bracons

Aras votivas y amuletos personales

1 - Ara. Jaspe de Tortosa. Siglos I-III. MHCB 00103

2 - Ara. Gres de Montjuïc. Siglo IV. MHCB 00115

3 - Ara. Gres de Montjuïc. Siglo IV. MHCB 16349

4 - Colgante con representación de la deidad egipcia Bes. Pasta de vidrio. Siglo I. MHCB 48969

5 - Bula. Amuleto característico de los niños. Bronce. Siglo II. MHCB 20390

6 - Amuletos fálicos. Bronce. Siglos I-II. MHCB 07879, MHCB 16400

7 - Campanilla, ornamento personal. Bronce. Siglos I-IV. MHCB 13135

La casa y la distinción social

Con la colonización se implantaron modelos de vivienda itálicos, muy distintos a los de la tradición ibérica local. En Barcino se han documentado *domus* (casas) de familias acomodadas, pero no se han encontrado viviendas de la población más humilde que trabajaba en el campo y en los talleres. Desde los orígenes de la ciudad, en su *territorium* se edificaron *villae* (residencias rurales o villas) tan ostentosas como las *domus* urbanas. En Barcino se copiaban, con retraso, las formas arquitectónicas aparecidas en Roma y Tarraco.

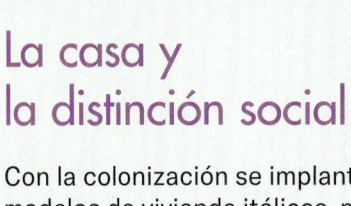

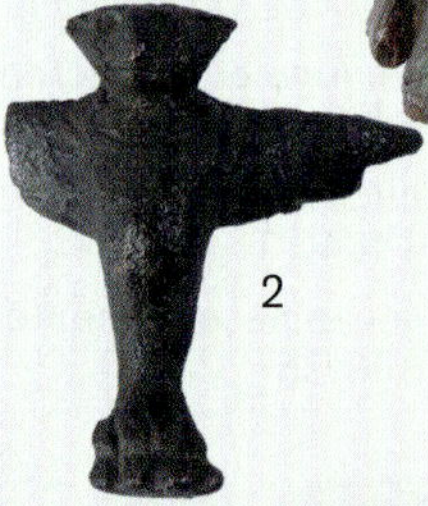

Techo con decoración pintada representando el rapto de Ganimedes. Siglos I-II. MUHBA *Domus* Avinyó

Apliques decorativos, bisagras y llaves para mobiliario

1 - Pieza de mueble en forma de garra de león. Bronce. Siglos I-III. MHCB 04517

2 - Pieza de mueble o quemador de perfumes. Representa al dios egipcio Horus. Bronce. Siglo II. MHCB 03547

3 - Anilla con clavo para cofres o cajas pequeñas. Bronce. Siglo IV. MHCB 03549

4 - Llave de cerradura. Bronce. Siglo III. MHCB 16705

5 - Aplique decorativo. Bronce. Siglo IV. MHCB 4355

6 - Aplique para asa de sítula o caldero. Siglo I-IV. MHCB 04505

7 - Aplique de una cabecera de cama en forma de busto de Eros. Bronce. Siglo III. MHCB 04493

8 - Aplique de mueble en forma de cabeza de cabra. Bronce. Siglo V. MHCB 03536

9 - Aplique de mueble en forma de cabeza de pantera. Bronce. Siglo V. MHCB 04529

10 - Bisagras de mueble. Hueso. Siglos I-III. MHCB 04353, MHCB 10935

11 - Aplique con decoración vegetal para mueble. Hueso. Siglo III. MHCB 04355

7

8

9

10

11

1 - Mosaico. Pavimento del impluvium de las termas de la *domus* de la calle del Bisbe Caçador. Siglos I-IV. MHCB 40872.

2 - Fragmento de pintura mural. Representación de un jinete encima del caballo. *Domus* de la calle del Bisbe Caçador. Siglos I-IV. MHCB 18656.

1

2

Ajuar doméstico e infantil

1 - Cucharas. Bronce. Siglo IV. MHCB 5005

2 - Huso. Hueso. Siglos III-V. MHCB 16430, MHCB 45749

3 - Lámpara decorada con un gladiador. Cerámica. Siglo I. MHCB 00067

4 - *Guttus*, biberón. Cerámica. (TSA-A). Siglos I-II. MHCB 43289.1

5 - Brazo de muñeca. Cerámica y hierro. Siglo IV. MHCB 48974

6 - Pierna de muñeca. Hueso. Siglo IV. MHCB 48979

7 - Tapadera de caja de sello. Bronce. Siglos I-IV. MHCB 48982

8 - Fusayolas con decoración de molduras. Siglo II. MHCB 16423

Tablero de juego, dados y fichas

1 - Tablero del juego «cinco en raya». Gres de Montjuïc. Siglos I-IV. MHCB 02992

2 - Fichas de juego. Pasta de vidrio y hueso. Siglos I-IV. MHCB 16380, MHCB 03537, MHCB 13429, MHCB 16411

3 - Ficha de juego en forma de rana. Hueso. Siglos I-IV. MHCB 07878

4 - Taba, hueso utilizado como pieza de juego. Siglos I-IV. MHCB 03909, MHCB 16352, MHCB 16353

5 - Dados. Hueso. Siglo III. MHCB 16413, MHCB 16414, MHCB 16416, MHCB 16731

1

2

3

4

5

Forma Urbis. L'estructura urbana de Barcino

La monumentalización contemporánea

En el siglo III se reutilizaron elementos monumentales de tiempos anteriores parar reforzar las fortificaciones de la ciudad, por lo que la muralla se convirtió en una caja del tiempo en la que se preservaron los restos de las primeras generaciones de colonos de Barcino.

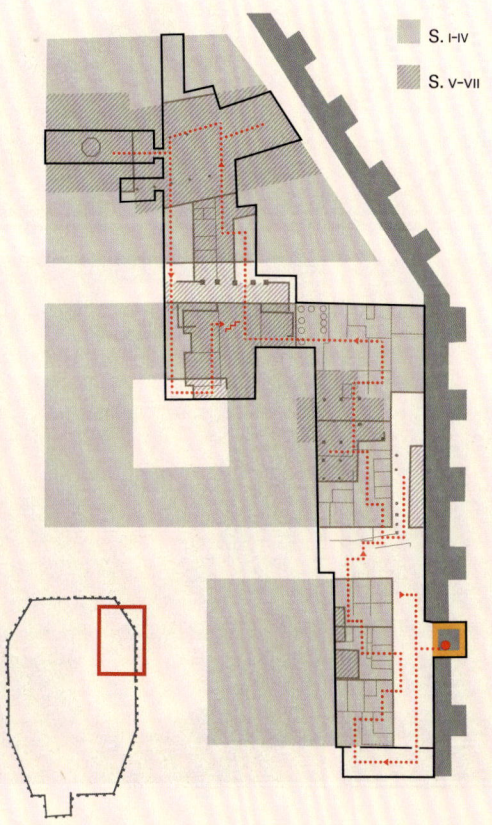

S. I–IV
S. V–VII

Los objetivos y métodos de la arqueología han ido variando con el tiempo. Cuando en las décadas de 1950 y 1960 se excavó la muralla de Barcino, el objetivo prioritario era recuperar piezas arquitectónicas, escultóricas y epigráficas singulares.

Excavación de una torre de la muralla, 1959. Foto: Centre de Documentació del Servei d'Arqueologia de Barcelona.

Retratos funerarios, recuperados del relleno de la muralla. Siglo I. MHCB 4090, MHCB 4092, MHCB 4122, MHCB 4123, MHCB 8517, MHCB 8701, MHCB 9576, MHCB 27059

Fullonica y tinctoria.
Negocios cerca del centro

Cerca del foro se situaban los
comercios orientados a las familias
acomodadas. Este establecimiento era
una *fullonica* que ofrecía servicios de
lavado y cuidado de la ropa. Contaba
con una sala de recepción decorada
con un pavimento (*opus sectile*) de
mármoles y pizarras, al estilo de las
domus más lujosas.

El establecimiento contiguo era una
tinctoria, dedicada al teñido de tejidos,
para el que se utilizaban diferentes
pigmentos, algunos conseguidos cerca
de la ciudad, como el añil y el óxido de
hierro, y otros importados y costosos,
como el azul egipcio.

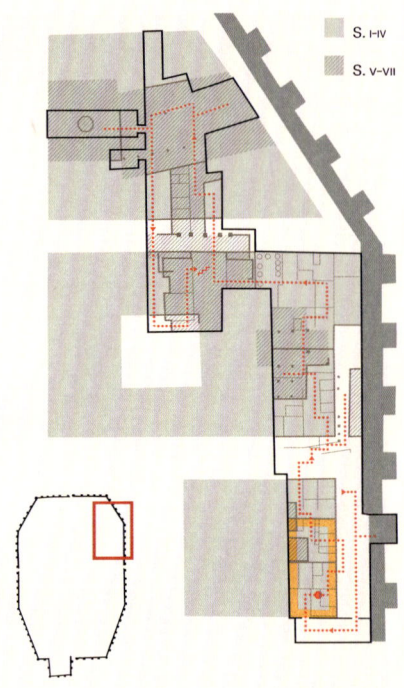

S. I–IV

S. V–VII

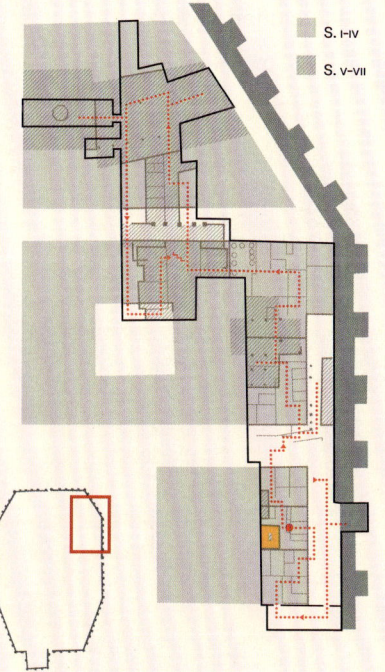

S. I–IV
S. V–VII

De comercios a termas: dos épocas superpuestas

Las casas y los comercios de esta manzana próxima al foro se transformaron cuando entró en crisis el poder público romano. Entonces aparecieron por toda la ciudad nuevas estructuras que incluso invadían las calles. Como en el caso de estos baños del siglo VI, construidos cuando el cristianismo ya se había extendido por la ciudad, vinculados al complejo episcopal y posiblemente abiertos a los fieles.

Para construir el desagüe de las termas se utilizaron piezas obsoletas, como un pequeño altar funerario. El expolio y reutilización de elementos en desuso eran habituales en la construcción porque agilizaban el proceso y abarataban los costes.

Cardo Minor.
La gestión del espacio público

La trama de calles de Barcino estaba atravesada por una red de alcantarillado que conducía las aguas sobrantes hacia el foso exterior. El ciclo del agua se gestionaba cuidadosamente y la necesidad de evitar charcos en la vía pública para prevenir enfermedades estaba prevista desde la fundación de la ciudad. La muralla se construyó con salidas para las canalizaciones.

El mantenimiento de las estructuras públicas urbanas era una de las funciones de los magistrados de la ciudad. La quiebra de la administración imperial desde principios del siglo V conllevó que se desatendieran las calles y otros espacios públicos que, tal como se ha visto anteriormente, incluso fueron ocupados por construcciones privadas.

El soterramiento de la ciudad antigua a partir del siglo v

El abandono de edificios y la falta de mantenimiento de las calles condujeron a la degradación y subida de nivel del espacio urbano. A partir de los siglos V-VI se edificó encima de los materiales de escombro, dejándose soterrados los vestigios de la ciudad anterior.

Fotos: Pep Herrero

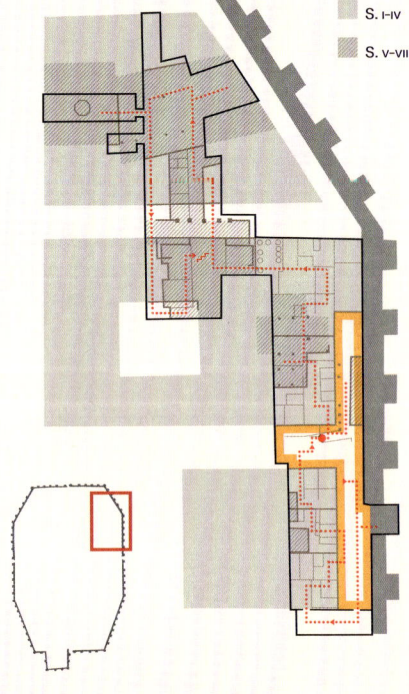

S. I-IV

S. V-VII

El refuerzo de la muralla. Hacer frente a la crisis imperial

En el siglo III, todo el imperio había experimentado un largo periodo de inestabilidad política y profunda crisis social y económica. A finales de siglo, los pueblos germánicos traspasaron las fronteras y llegaron a asaltar Tarraco. Ante el peligro, Barcino reforzó la muralla original.

Para acelerar el proceso de construcción y para ahorrar, se reaprovecharon como material de construcción monumentos funerarios y edificios del suburbio. La muralla resultante era más alta y ancha que la anterior y contaba con cerca de ochenta torres. Barcino se convirtió en una fortaleza muy segura que permitía controlar el corredor mediterráneo.

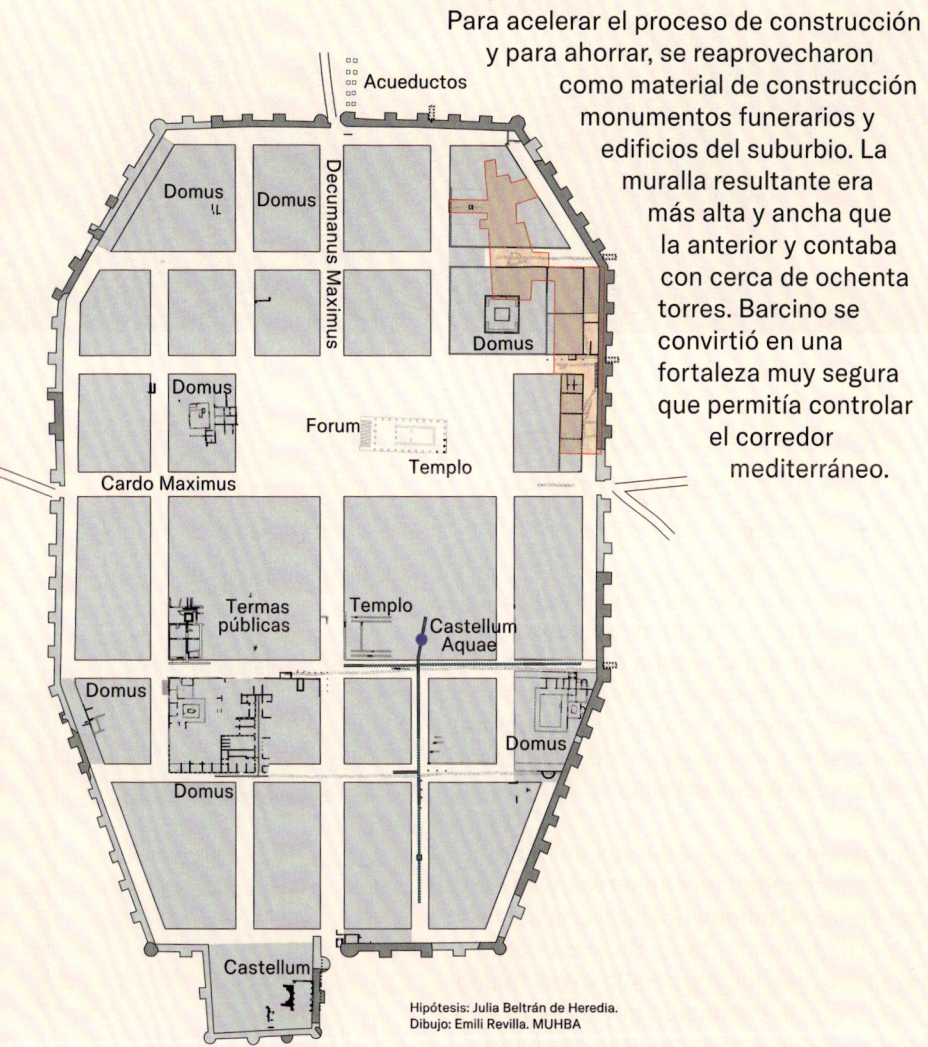

Acueductos

Domus

Domus

Decumanus Maximus

Domus

Domus

Domus

Forum

Templo

Cardo Maximus

Termas públicas

Templo

Castellum Aquae

Domus

Domus

Domus

Castellum

Hipótesis: Julia Beltrán de Heredia.
Dibujo: Emili Revilla. MUHBA

41

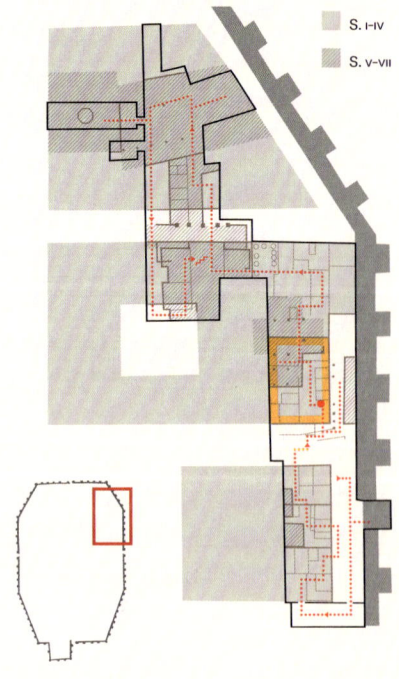

Foto: Pan Herrero

Cetaria. Una economía urbana duradera pese a las crisis

La inestabilidad política del Imperio en el siglo III no detuvo la actividad económica de la ciudad. Esta factoría de salazones (*cetaria*) data de entonces y debía de ser un negocio rentable porque sus estructuras se repararon y mantuvieron hasta fechas tardías, a mediados del siglo V.

El pescado y otros productos del mar se transformaban en conservas y en condimentos como el *garum*, una salsa de pescado fermentado. Se elaboraban para consumo local y para la exportación, puesto que la expansión del Imperio romano había creado un gran mercado con gustos comunes.

S. I-IV

S. V-VII

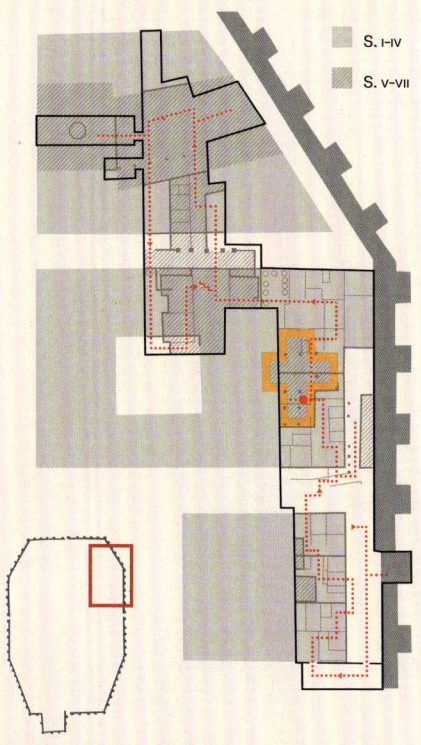

S. I–IV

S. V–VII

Iglesia y necrópolis. El cristianismo transforma la ciudad

El cristianismo había llegado a Barcino a principios del siglo IV. Inicialmente fue un culto privado de las clases populares, pero cuando se extendió y lo adoptaron las élites, propició la construcción de edificios religiosos propios.

La autoridad de los obispos fue aumentando y, en el siglo VI, el centro de poder de la ciudad ya no estaba en el antiguo foro romano, que había caído en desuso, sino en los edificios religiosos cristianos. En el espacio donde había estado la factoría de salazones aparecieron en este siglo una iglesia y una zona de entierros porticada.

La inversión del mundo clásico

Columna del foro invertida para utilizarla mejor en la cimentación de una construcción relígiosa cristiana. La disposición invertida, con el capitel como base, nos lleva a pensar en la inversión de convicciones entre el mundo clásico y el mundo cristiano y en el eco que ha tenido en el pensamiento moderno. Las reflexiones del filósofo Friedrich Nietzsche sobre la *Umwertung* o transmutación de los valores han nutrido la polémica desde finales del siglo XIX hasta hoy.

S. I–IV
S. V–VII

Torcularium. El dinamismo urbano del siglo IV

En el siglo IV, Barcino mantenía una economía muy activa. El comercio con el Mediterráneo era intenso y las grandes explotaciones rurales seguían en activo. Dentro de la ciudad aparecieron nuevos establecimientos como esta bodega, que podría haber sido propiedad de la iglesia. Se construyó ocupando parte de una calle y disponía de prensas y depósitos para producir grandes cantidades de vino.

Esta prosperidad se reflejaba en las *domus* y villas de las élites, que en el siglo IV se remodelaron y ennoblecieron convirtiéndose en el escenario de las relaciones sociales y económicas de sus propietarios.

De colonia a fortaleza.
Un cambio de época

Cuando, al inicio del siglo V, el colapso del Imperio y la expansión de los pueblos germánicos alteraron el marco donde se integraba la ciudad, la agricultura comercial fue sustituida por el abastecimiento local. La aristocracia abandonó las residencias urbanas y los monumentos honoríficos del foro empezaron a expoliarse, convertidos en material de construcción.

Barcino, que había nacido como una pequeña colonia, fue codiciada desde principios del siglo V como plaza fuerte muy amurallada y en una posición estratégica para controlar el corredor mediterráneo de la península Ibérica.

Torres y lienzo de la muralla romana del siglo IV.
MUHBA Porta de Mar.